Wo finde ich die wichtigsten Entscheidungen der letzten Zeit?

Handweiser für die Anwaltspraxis

Zugleich
ein ausführliches Verzeichnis der
Zeitschriftenaufsätze
und der sonstigen juristischen
Neuerscheinungen des Verlages

Walter de Gruyter & Co.
Berlin W 10

Nummer 3 Januar/Februar

1927

Das hiermit schon zum dritten Male erscheinende Register, das als ein Auskunftsmittel zum Zwecke des Nachschlagens aufbewahrt zu werden verdient, weist sämtliche Aufsätze und namentlich sämtliche Entscheidungen nach, die in den Entscheidungssammlungen und Zeitschriften des Verlages Walter de Gruyter & Co. erschienen sind. Das vorliegende Heft enthält die Monate Januar und Februar 1927.

Dieses Verzeichnis und Register, das dem Juristen sicherlich als eine Erleichterung seiner Arbeit sehr willkommen sein dürfte, wird in regelmäßiger, zweimonatlicher Folge fortgesetzt.

Inhaltsverzeichnis

Seite

A. Verzeichnis der Entscheidungen und Zeitschriftenaufsätze:

I. Systematisches Register der in den Entscheidungssammlungen veröffentlichten Entscheidungen . . 3
a) Bürgerliches Recht 3
b) Zivilrechtliche Nebengesetze 4
c) Aufwertung 5
d) Grundbuchrecht. Freiwillige Gerichtsbarkeit 7
e) Konkursrecht 8
f) Zivilprozeß 8
g) Handelsrecht 8
h) Wechsel- und Scheckrecht 9
i) Privatversicherung 9
k) Gewerblicher Rechtsschutz 10
l) Strafrecht 10
m) Strafrechtliche Nebengesetze 15
n) Strafprozeß 16
o) Steuerrecht 21
p) Öffentliches Recht 22

II. Inhaltsverzeichnis der Zeitschriften 24
a) Zeitschrift für Strafrechtswissenschaft 24
b) Bank-Archiv 25

B. Verzeichnis der Neuerscheinungen 1. November bis 31. Dezember 1926:

I. Kommentare und Handausgaben 26
II. Monographien 29
III. Enzyklopädien 30
IV. Entscheidungssammlungen 31
V. Zeitschriften und Periodica 32

A. Verzeichnis der Entscheidungen und Zeitschriftenaufsätze.

I. Systematisches Verzeichnis der in den Entscheidungssammlungen und Zeitschriften veröffentlichten Entscheidungen.

Verzeichnis der Abkürzungen:

RGZ. = Entscheidungen des Reichsgerichts in Zivilsachen.
RGSt. = Entscheidungen des Reichsgerichts in Strafsachen.
OLG. = Rechtsprechung der Oberlandesgerichte.
HöchstRR. = Höchstrichterliche Rechtsprechung in Strafsachen.
BA. = Bank-Archiv.

Die Zahl hinter der Bezeichnung für die Sammlung bedeutet die Bandnummer, die Zahl hinter jeder Entscheidung die Seite.

a) Bürgerliches Recht.

RGZ. **114**

Über die vertragliche Haftung desjenigen, der einem andern eine — tatsächlich unrichtige — Bescheinigung ausstellt in dem Bewußtsein, dieser werde sie beim Vertragsabschluß mit einem Dritten als Beweisgrundlage benutzen, gegenüber dem Dritten, der sich auf das Bescheinigte verläßt . . 289

Verstößt ein Frachtstundungsabkommen, worin sich die Reichsbahn für den Fall der Nichteinhaltung der Stundungsfrist eine Verzinsung von 1 v. H. für jeden Tag der Fristüberschreitung ausbedungen hat, gegen die guten Sitten oder gegen das Verbot des Leistungswuchers? . . 304

Ist ein Vertrag über Annahme an Kindesstatt wegen Verstoßes gegen die guten Sitten auch dann nichtig, wenn zwar der Angenommene lediglich die Erlangung eines adeligen Namens erstrebt, der andere, von ihm durch Vorspiegelung von Kindesgefühlen getäuschte Vertragsteil aber die Annahme an Kindesstatt aus lauterem Beweggrund zu ihrem bestimmungsmäßigen Zwecke will? 338

BA. **26**

§§ 186 bis 193 BGB., §§ 17, 18, 68 Abs. 1 des Personenstandsgesetzes vom 6. Februar 1875. Die Vorschriften des BGB. über Fristberechnung gelten nur für das Privatrecht, nicht z. B. für das Personenstandsgesetz 235

HöchstRR. **2**

Zu § 826 BGB.: Eine unrichtige, zum Schadensersatz verpflichtende Auskunft liegt nicht schon dann vor, wenn der Auskunftgebende erklärt, dem Beauskunfteten beträchtlich mehr Kredit einzuräumen, dabei aber verschweigt, daß er sich erst vor kurzem bei einem besonders hohen Kredit eine Sicherung hat geben lassen 201

b) Zivilrechtliche Nebengesetze.

RGZ. **114**

Über den Beweis des ursächlichen Zusammenhangs zwischen Eisenbahnbetrieb und Unfall. Anwendung des § 254 BGB. auf die Fälle des § 1 RHaftpflG., namentlich bei mitwirkendem Verschulden eines jugendlichen Verletzten . . . 291

Hat die nach § 8 Abs. 3 der Kartellverordnung vom 2. November 1923 ergehende Entscheidung des Kartellgerichts rechtsgestaltende oder nur sogenannte deklaratorische Bedeutung? Erledigt eine solche Entscheidung endgültig und für Gerichte und Schiedsgerichte bindend alle vor ihrer Erlassung erfolgten Kündigungsakte ohne Rücksicht darauf, ob sie dem Kartellgericht bekannt geworden waren, oder nur diejenigen Kündigungsakte, von denen das Kartellgericht Kenntnis hatte und die es zum Gegenstand seines Befindens gemacht hat? Steht dem Verlangen einer der Höhe nach im Vertrag nicht fest bestimmten, sondern erst im Einzelfall festzusetzenden Vertragsstrafe der Umstand entgegen, daß diese Festsetzung und die Benachrichtigung des Schuldners von der Verhängung der Strafe erst nach seinem Ausscheiden aus dem Vertragsverhältnis erfolgt sind? 327

Verliert ein Abkommen zwischen Rechtsanwalt und Partei über die Höhe der von dieser zu zahlenden Vergütung ohne weiteres seine Wirksamkeit mit dem Inkrafttreten einer Gebührenordnung, nach welcher der Anwalt besser gestellt wäre als nach dem Abkommen? 336

RGZ. **114**

Wird die Auflassungsvollmacht, die in einem wegen unrichtiger Angabe des Kaufpreises nichtigen Grundstückskaufvertrag erteilt ist, von der Nichtigkeit des Kaufvertrags mitergriffen? Kann eine solche Vollmacht von vornherein auf die Zeit nach dem Tode des Vollmachtgebers beschränkt werden? 351

HöchstRR. **2**

Dem Spediteur steht an der ihm zur Einlagerung übergebenen Ware kein Pfandrecht zu 363

c) Aufwertung.

RGZ. **114**

Vertrag zugunsten Dritter, worin sich jemand verpflichtet, eine fremde Schuld zu begleichen. Enthält er eine Schuldübernahme oder wirkt er wie eine solche? Verjährung der Verpflichtung aus einem solchen Vertrag. Welcher Zeitpunkt ist der Aufwertung einer so begründeten Forderung zugrunde zu legen? 298

In welcher Weise ist bei Bereicherungsansprüchen der Geldentwertung Rechnung zu tragen? 342

Kann die vereinbarte zehnjährige Unkündbarkeit des einer Bank gegebenen Darlehens für sich allein das Aufwertungsverbot des § 66 Abs. 1 AufwG. ausschließen? 354

OLG. **45**

„Erststelliges Recht" im Falle der Abtretung 289

Mehrere gleichrangige Rechte als erststelliges Recht. Verzicht aus § 7⁵ 291

Dazu:

Wenn die Teilhypotheken verschiedenen Rang erhalten . . . 292

Bei Teilung einer einheitlichen Gemeinschaftshypothek in Einzelhypotheken 294

Begriff der im § 7¹ Satz 3 bezeichneten „Unternehmen" . . 296

Stadtgemeinde als „Unternehmen". Fallen Arresthypotheken unter § 7⁴? 297

Zur Anwendung des § 7⁴, wenn wertbeständige Rechte am 15. Juli 1925 den erststelligen aufgewerteten Rechten im Range vorgehen 299

Einrücken der Höchsthypothek in die vorbehaltene Rangstelle . 303

OLG. 45

Anwendung des § 7⁴ Satz 1 auf bestehende Vormerkungen. 305
Rang der nach dem 15. Juli 1925 begründeten wertbeständigen Hypotheken 308
Keine Briefvorlegung für den Rangeintritt des § 7¹ 309
Auslegung des Verzichts des § 7 Abs. 5. Voraussetzung seiner Eintragung 310
Verzicht aus § 7⁵ nur zugunsten einzelner Rechte? 311
Aufwertung der während der Geldentwertung übernommenen Schuld. Anerkenntnis des Aufwertungsbetrages. Überschreitung der Zuständigkeit des § 75 312
Übernahme einer Grundschuld auf den Kaufpreis 313
Einfluß schwerer Verschuldung des Schuldners 315
Übernahme des Nachlaßgrundstücks durch den Mann einer Miterbin als „Auseinandersetzung" 315
Berechnung der Aufwertung von Erbansprüchen 316
Gilt § 10³ für Ansprüche aus Gutsüberlassungsverträgen? . 317
Grundsätze für Aufwertung von Kaufgeldforderungen 318
Berücksichtigung von Verbesserungen des Grundstücks . . . 319
Ist die Forderung, auch soweit sie sich auf mitverkaufte Gegenstände bezieht, als Kaufgeld für das Grundstück anzusehen? 319

OLG. 46

§ 2 gilt für die für Pfandbriefdarlehen bestellten Hypotheken 1
Form des § 29 GBO. für den Nachweis des Erwerbes des Erblassers 1
Stillschweigende Begründung eines Treuhandverhältnisses . 1
Zur Auslegung und Anwendung des § 5¹ Satz 3 AufwG. . 2
Fällt ein am 15. Juli 1925 eingetragenes Recht unter § 7¹ Satz 1? 3
Evangelische Kirchengemeinden als „Unternehmen" des § 7¹ Satz 3 4
Übernahme der Kaufpreisschuld im Enteignungsverfahren . . 5
Begriff des „Beteiligungsverhältnisses" nach § 10¹ Nr. 1 . . 6
Übernahme einer Kaufpreis- oder Darlehnshypothek? . . . 6
Keine freie Aufwertung einer im Kaufvertrag abgetretenen Kaufgeldforderung 7
Abtretung der Forderung vor der Sicherung 8
Begriff des „Verzichts" nach § 14 AufwG. 9
Erfordernisse eines Vorbehalts nach § 14 9
Begriff der Leistungsannahme nach §§ 14, 15 9

OLG. 46

Zur Auslegung und Anwendung des § 15 Satz 2 AufwG. . 10
Anmeldung bei einer unzuständigen Aufwertungsstelle . . . 11
Ist die am 2. Januar 1926 eingegangene Anmeldung noch rechtzeitig? 11
Formlose Angaben über die Zahlung und die Vertreterbefugnis 12
Nachträgliche Berichtigung der Angaben der Anmeldung . . 14
Den wirklichen Eigentümer (§ 16[1] Satz 2) hat die Aufwertungsstelle zu ermitteln 14
Inhalt des „Einspruchs". Nachträgliche Einwendungen. Bescheinigung 15
Rechtzeitigkeit eines Einspruchs bei Doppelanmeldung . . . 16
§ 16 Abs. 2, wenn der Pfandgläubiger die Hypothek löschen ließ 16
Anmeldungsrecht, wenn die Hypothek „zu treuen Händen" übertragen ist. Abtretung des Aufwertungsanspruchs . . 19
Darf das Grundbuchamt die Bescheinigungen der Aufwertungsstelle (§ 16[2]) nachprüfen? 20
Nachweisung des Fristablaufs (§ 16[2]) durch Verweisung auf die Aufwertungsakten 21
Bringt nur eine schlüssige Anmeldung die Einspruchsfrist in Lauf? 23
Wiedereintragung des Zedenten gegenüber späteren Grundstückserwerbern? 24
Ist nach § 16[2] Satz 2 die Gutgläubigkeit der Zwischenerwerber zu prüfen? 26
Eintragung des Widerspruchs ohne Angabe des Aufwertungsbetrages 28
Entsprechende Anwendung des § 16[2] auf den Fall des § 21 Nr. 1 28
Eintragung der Aufwertung bei zurückgezahlten, aber nicht gelöschten Hypotheken 29
Kann sich der Zedent Ansprüche aus späterer Aufwertungsgesetzgebung vorbehalten? 30
Dazu: Beschluß vom 11. November 1926 — X 73726 — . 30
Beschränkte Abtretbarkeit aufwertungsfähiger gelöschter Hypotheken 31

d) Grundbuchrecht. Freiwillige Gerichtsbarkeit.

RGZ. 114

Gehört Verwahrung von Wertpapieren zu den Amtsgeschäften des preußischen Notars? Verpflichtung des Notars zur Prüfung der Echtheit ihm zur Verwahrung übergebener Wertpapiere? 295

e) Konkursrecht.

RGZ. **114**

Genießt die Forderung des Reiches aus der Entnahme von Tabaksteuerzeichen das Vorrecht des § 61 Nr. 2 KO.? . . 372

f) Zivilprozeß.

RGZ. **114**

Über den Lauf der Revisionsbegründungsfrist in Sachen, die das Bayerische Oberste Landesgericht zuständigkeitshalber an das Reichsgericht abgibt 358

Liegt Klagänderung vor, wenn der Remittent, der den Wechsel ohne Protesterhebung eingelöst und ohne vorherige Durchstreichung der nachfolgenden Vollindossamente Wechselklage gegen den Akzeptanten erhoben hat, die Durchstreichung erst im Laufe des Rechtsstreits vornimmt? Dient die Durchstreichung der nachfolgenden Indossamente nur dem Beweise der Berechtigung des Klägers zur Klageerhebung oder bildet sie einen wesentlichen Teil des zur Geltendmachung des Wechselanspruchs erforderlichen Tatbestands? Ist § 593 Abs. 2 Satz 2 ZPO. eine Mußvorschrift, von deren Anwendung auch im Falle offenbarer Zwecklosigkeit ihrer Einhaltung nicht abgesehen werden kann? 365

HöchstRR. **2**

§ 90 RAnwO. Zurücknahme der Berufung 361

g) Handelsrecht.

RGZ. **114**

Einjährige Verjährung nach § 414 HGB. auch dann, wenn die Klage gegen den Spediteur nicht auf Verlust (Minderung usw.) des Gutes selbst gestützt wird, sondern nur auf Vereitelung des Ersatzanspruchs gegen den Frachtführer? Liegt eine Abnahme des Eisenbahnfrachtgutes immer darin, daß der Empfänger das Gut nach Ankunft auf der Bestimmungsstation auf neuen Frachtbrief weiterversendet? . 308

Zum Wesen und Inhalt der Chartepartie 324

BA. **26**

Zu §§ 383 HGB., 320, 433 BGB.: Beim Ankauf von Kuxen und unnotierten Werten spricht die Vermutung für Eigenhandel, wenngleich unter besonderen Umständen ein Kommissionsgeschäft gegeben sein kann. Wenngleich die Bestimmungen des Bankdepotgesetzes auf Eigenhandelsgeschäfte

BA. 26

über Wertpapiere keine Anwendung finden, hat der Käufer doch nach den allgemeinen Grundsätzen des Kaufvertrages Anspruch auf Übersendung eines Nummernverzeichnisses, es sei denn, daß ein abweichender Handelsbrauch besteht . 184

Zu § 54 HGB. Vertretungsmacht der Beamten städtischer Sparkassen 202

h) Wechsel- und Scheckrecht.

RGZ. 114

Dient die Durchstreichung der nachfolgenden Indossamente nur dem Beweise der Berechtigung des Klägers zur Klageerhebung oder bildet sie einen wesentlichen Teil des zur Geltendmachung des Wechselanspruchs erforderlichen Tatbestands? 365

BA. 26

Zu § 10 Scheckges., § 823 BGB.: Unwirksamkeit der Annahmeerklärung auf dem Scheck 203

i) Privatversicherung.

RGZ. 114

Ist ein durch Übergabe vollzogener, unter Vorbehalt des Eigentums bis zur vollständigen Zahlung des Preises geschlossener Verkauf beweglicher Sachen schon vor der Kaufpreistilgung als Veräußerung i. S. der §§ 96 ff. VVG. vom 30. Mai 1908 anzusehen? 316

Läßt sich daraus allein, daß im Versicherungsschein die Zeit der vorläufigen Deckung in die Versicherungszeit eingerechnet ist, die Vereinbarung entnehmen, daß für die Zahlung der ersten Prämie § 39 VVG. gelten soll? Wer hat eine solche Vereinbarung zu beweisen? Wann gilt eine Prämienzahlung, die bei Beginn der Versicherung zu erfolgen hat, als nicht rechtzeitig bewirkt? 321

Ist der zur Annahme der Zahlung von Versicherungsprämien bevollmächtigte Agent befugt, Wechsel zahlungshalber anzunehmen oder die Prämien gegen Forderungen des Versicherungsnehmers an ihn selbst zu verrechnen? Ist für die Auslegung einer Bestimmung der allgemeinen Versicherungsbedingungen, wonach sich die Versicherung eines Kraftwagens auf den Fall seiner Unterschlagung erstreckt, der strafrechtliche Begriff der Unterschlagung maßgebend? 347

k) Gewerblicher Rechtsschutz.

RGZ. 114

Ist nach § 16 UnlWG. ein Klagantrag auf Entfernung des die Verwechslungsgefahr begründenden Bestandteils einer Firma auch dann möglich, wenn die Firma durch Entfernung dieses Bestandteils eine nach den firmenrechtlichen Vorschriften des HGB. unzulässige Gestaltung gewinnt? . 318
Umfang der einem Defensivzeichen zukommenden Schutzwirkung 360

HöchstRR. 2

§ 4 UnlWG. vom 7. Juni 1909. Eine Mitteilung über geschäftliche Verhältnisse kann infolge Fehlens wesentlicher Tatsachen unwahr und zur Irreführung geeignet sein, auch wenn die einzelnen Angaben richtig sind 341
Zur Auslegung des Begriffes „feilhalten" und „betriebsmäßig" im § 95 Patentgesetz 367
Zur Frage der Strafbarkeit eines Eingriffes in das Markenrecht 372

l) Strafrecht.

RGSt. 60

Militärische Wachen und Streifen 337
Tateinheit von Konterbande und Zollhinterziehung. Bandenschmuggel 344
Anstiftung zur Begünstigung des Anstifters 346
Metallhehlerei. Fahrlässigkeit 349
Hilfsstoffe als Nahrungsmittel 351
Tateinheit zwischen Meineid und Urkundenfälschung 353
Sparversicherung. Schuldverschreibungen auf den Inhaber. Lotterie 357
Abtreibung. Mildestes Strafgesetz 362
Straflose Nachtat 371
„Behaupten" von Tatsachen 373
Urkundenfälschung. Reifezeugnis. Besseres Fortkommen . 375
Erbrechen von Behältnissen 378
Verhältnis von schwerem Diebstahl im Rückfall zu räuberischem Diebstahl 380
Gesamtstrafe 382
Lotterieveranstaltung. Preisrätsel 385

RStG. 60

Geldstrafe des Mehrfachen. Höchst- und Mindestbetrag. Abgabennachzahlung 389

Branntweinmonopolhinterziehung. Rückfallstrafe 393

Notwehr bei einem Teil einer Handlung. Teilweise Freisprechung 404

Urkundenunterdrückung. Förderwagennummern 402

Fahrlässiger Falscheid. Umfang des Zeugeneides 407

Betrug des Einkaufskommissionärs 421

Metallverkehr. Erwerb von Minderjährigen 400

HöchstRR. 2

§ 40 StGB. Einziehung der Aktentasche, worin das Diebswerkzeug getragen wurde? 252

§ 151 StGB. Zum Begriff „Anschaffen" 253

§ 153 StGB. Zur Bedeutung des Offenbarungseids . . . 253

„Zeuge" im Sinne des § 157 Nr. 1 StGB. 254

§ 173 Abs. 2 StGB. Verkehren Stiefvater und Stieftochter geschlechtlich miteinander und wissen sie dabei, daß sie Stiefvater und Stieftochter sind, so sind sie strafbar, auch wenn der Geschlechtsverkehr erst stattgefunden hat, nachdem sie die Ehe miteinander geschlossen haben, mögen sie diese Ehe auch für rechtsgültig halten 255

Zum Begriff des „angestellten" Beamten im Sinne des § 174 Nr. 3 StGB. 256

Zum Begriff des Versuchs aus § 176 Nr. 3 StGB. 256

§ 176 Nr. 3 StGB. Küssen als unzüchtige Handlung . . . 256

§§ 211, 249 ff., 73 StGB. Tateinheit zwischen Mord und Raub 256

§§ 218, 49 StGB. Beihilfe zur versuchten Abtreibung, begangen mit bedingtem Vorsatz 258

§§ 222 StGB., 18 Abs. 3 VO. über den Kraftfahrzeugverkehr vom 15. März 1923. Mangelnde Straßendisziplin bei der Bevölkerung 258

§ 223 a StGB. In dem Übergießen mit heißem Wasser kann sowohl die Anwendung eines gefährlichen Werkzeugs (vergl. Goltd.Arch. Bd. 62 S. 321) als auch eine das Leben gefährdende Behandlung erblickt werden 258

§§ 223, 223 c, 226, 73, 74. Liegt bei gemeinschaftlich begangener Verletzung mehrerer Personen durch mehrere Schüsse, wenn die Körperverletzung den Tod eines der Verletzten zur Folge hat, Tateinheit oder Tatmehrheit vor? 259

§ 224 StGB. Verfallen in Lähmung 260

HöchstRR. 2

§ 257 StGB. Absicht, das Diebesgut einstweilen zu sichern, genügt zur Erfüllung des Vorsatzes der sachlichen Begünstigung 260

§ 259 StGB. „Ansichbringen“ und „Mitwirken zum Absatz“ schließen sich gegenseitig aus 260

§ 259 StGB. Ist wahlweise Feststellung von „Ansichbringen“ und „Mitwirken zum Absatz“ zulässig? 261

§ 266 Abs. 1 Nr. 2 StGB. Untreue kann darin liegen, daß der Bevollmächtigte für sich eine Hypothek auf dem Grundstück des Auftraggebers eintragen läßt 261

§ 266 Nr. 2 StGB. Bevollmächtigter. Vermögensstück . . 262

§ 267 StGB. Wird durch Vorlegung einer fälschlich angefertigten Urkunde zum Zwecke der Erzielung von Beglaubigungen von Abschriften dieser Urkunde von der Urkunde im Sinne des § 267 StGB. Gebrauch gemacht? Wird durch Benutzung beglaubigter Abschriften einer gefälschten Urschrift von „gefälschten“ Urkunden Gebrauch gemacht? 263

§§ 269, 270 StGB. Blankettfälschung durch Ausfüllung eines Duplikats 264

§ 331 StGB. Das „allgemeine dienstliche Wohlwollen“ ist keine „in das Amt einschlagende, an sich nicht pflichtwidrige Handlung“. Das gleiche gilt von dem „ungewöhnlichen Mangel der nötigen Zurückhaltung“ des Vorgesetzten gegenüber dem Untergebenen 265

Zur Auslegung des § 339 StGB. 265

§ 356. StGB. Innerer Tatbestand 266

§ 1 StGB. Bei der Bedrohung mit einer Multiplikarstrafe richtet sich die Frage, ob ein Vergehen oder eine Übertretung vorliegt, danach, wie hoch im Einzelfalle die verwirkte Geldstrafe ist. — §§ 1, 27 des Postgesetzes vom 28. Oktober 1871, §§ 313, 300 StPO. Der Irrtum in der Wahl des Rechtsmittels ist nicht unschädlich 276

§ 29 StGB. Bei Geldstrafen wegen Vergehen kann auch einem geringeren Betrage als 3 Mark ein Tag als Ersatzstrafe substituiert werden 277

§§ 61 ff. StGB. Der vor dem Schiedsmann erklärte Verzicht auf gerichtliche Verfolgung einer Beeidigung steht der Verfolgung der Sache durch die Staatsanwaltschaft nicht entgegen. Die Befugnis des gesetzlichen Vertreters eines Verletzten, für diesen den erforderlichen Strafantrag zu stellen, wird durch dessen Tod nicht berührt 278

HöchstRR. 2

§§ 67, 68 StGB. Handlungen des Amtsrichters oder des an seiner Stelle tätigen Rechtspflegers, welche auf eine — vermeintlich zulässige — Strafvollstreckung abzielen, unterbrechen nicht die Verjährung der Strafverfolgung. — §§ 260 II, 349 II StPO. Wenn das Revisionsgericht Verjährung der Strafvollstreckung feststellt, kann es das Verfahren auch durch Beschluß einstellen 279

Die Begriffe „Verbreitung" von Schriften und „Aufforderung" zum Ungehorsam in § 110 StGB. Irrtum . . . 280

§ 123 StGB. Wer seinen Privatraum zur Abhaltung eines öffentlichen Termins überläßt, darf nicht einzelne Anwesende grundlos hinausweisen 282

§ 360[11] StGB. Begehung einer Straftat durch schuldhafte, pflichtwidrige Unterlassung. Beschimpfung im Sinne § 166 StGB. Äußerer und innerer Tatbestand des groben Unfugs 283

Die Ankündigung von Abtreibungsmitteln enthält kein Vergehen gegen § 184 Ziffer 3 StGB. 286

§§ 185 bis 187 StGB., § 15 UnlWG., §§ 374, 265 StPO. Eine juristische Person, deren Unterlagen lediglich Vermögensstücke bilden, kann nicht aus §§ 185, 186, wohl aber aus § 187 StGB. (Kreditgefährdung) beleidigt werden; sie kann aus dem letzteren Gesichtspunkt auch Privatklage erheben. Wird eine Privatklage aus einem bestimmten rechtlichen Gesichtspunkt erhoben, so steht der Verurteilung des Angeklagten aus einem anderen rechtlichen Gesichtspunkt nichts im Wege, wofern auch insoweit eine Privatklage zulässig ist 286

Zur Anwendung des § 193 StGB. 287

§§ 246, 266 RStGB., §§ 4, 14, 15 Scheckges. Wenn der mit der Einkassierung von Schecks und Abführung des Geldes an eine bestimmte Stelle Beauftragte die Schecks in der Absicht einzieht, das Geld für sich zu verwenden, so bilden die Schecks, nicht das Geld den Gegenstand der Unterschlagung oder Untreue 287

§ 263 StGB., § 494 BGB. Betrug bei Abschluß eines Kaufes nach Probe 289

§ 268 StGB. Der Vermögensvorteil bei der schweren Urkundenfälschung kann auch in der Erhaltung einer Anstellung liegen 291

HöchstRR. 2

Die Bezeichnung „Landmesser" ist kein Titel im Sinne des § 360 Ziffer 8 RStrG. 291

Der Tatbestand von § 360 Ziffer 8 StGB. wird nicht dadurch erfüllt, daß sich jemand unter einem ihm nicht zukommenden Namen an eine Behörde wendet. Die Berechtigung zu einer Namensführung hört nicht schon infolge eines polizeilichen Verbotes, den betreffenden Namen zu führen, auf 292

Überweisung an die Landespolizei (§ 362 StGB.) ist keine Nebenstrafe im engeren Sinne, sondern eine polizeiliche Maßregel 293

„Verkaufen" im Sinne des § 367³ StGB. 294

§ 367 Ziffer 3 RStGB., Verordnung vom 27. März 1925 (RGBl. I 40), Verordnung vom 22. Oktober 1901 (RGBl. 380). Biochemische Mittel fallen nicht unter die nach § 9 des Verzeichnisses A der Verordnung vom 22. Oktober 1901 (RGBl. 380) dem freien Verkehr überlassenen aus künstlichen Mineralquellsalzen bereiteten Pastillen 294

Jagdausrüstung im Sinne des § 368¹⁰ StGB. 296

§ 242 StGB., § 138 MStGB. Wegnahme fremder Sachen seitens eines Soldaten in der Absicht, seine Verurteilung wegen Diebstahls herbeizuführen und dadurch seine Dienstentlassung zu erreichen, ist kein Diebstahl 333

Nach § 205 a StG. genügt eine bloße Verringerung des Aktivbestandes zum Tatbestande nicht, es muß vielmehr Vermögensverringerung festgestellt sein 361

Zwischen leichtsinniger und unverhältnismäßiger Kreditgewährung im Sinne des § 486 Ziffer 1 StGB. besteht ein Unterschied 362

Zur Auslegung des Begriffes der Öffentlichkeit in § 491 StG. 366

Verantwortlichkeit eines Gesellschafters, der Geschäftsführer eines Unternehmens ist, nach § 486 Ziffer 1 StG. — Zum Tatbestande nach § 486 Ziffer 2 StG. ist Kenntnis der Zahlungsunfähigkeit erforderlich 369

Veruntreuung von auf Borg gekauften Sachen durch den Käufer 367

Veruntreuung durch Verpfändung von Kommissionsware. Wertberechnung bei Veruntreuung einer Sache durch Verpfändung 371

m) Strafrechtliche Nebengesetze.

RGSt. 60

Unerlaubtes Inverkehrbringen von Kokain. Irrtum 365

Waffenverordnung. Irrtumsverordnung 419

Postzwang. Städtische Briefverteilungsstellen 423

HöchstRR. 2

Anwendbarkeit des Nahrungsmittelgesetzes vom 14. Mai 1879, des Buttergesetzes vom 15. Juni 1897, der Irreführungsverordnung vom 26. Juni 1916 und des § 263 StGB. bei Beanstandung von Käseerzeugnissen; Abgrenzungen und Zusammentreffen 235

§§ 1, 2, 27 des Reichsgesetzes über das Postwesen vom 28. Oktober 1871 (RGBl. S. 347 ff.). Zum Begriff des „expressen" Boten im Sinne des Postgesetzes. Eine Beförderung durch expressen Boten liegt nicht vor, wenn der Bote die Beförderung von Postsendungen nur zur Postanstalt eines anderen Ortes besorgt und die weitere Zustellung an die Adressaten von dort aus durch die Post bewirkt wird 331

Zum Begriff der „Berichtigung" im Sinne des § 11 des Reichspressegesetzes vom 7. Mai 1874 (RGBl. S. 65) . . 333

§§ 1, 11, 45 Auswanderungsges. vom 9. Juni 1897. Bei Beförderung von Auswanderern auf Freifahrtscheine (prepaids) erfolgt der Abschluß des Beförderungsvertrages erst durch die Annahme des Freifahrtscheins seitens des Auswanderers 337

§ 10 Abs. 2 Weingesetz. Klärung von Apfelwein mit Blutlaugensalz. — § 31 Weingesetz vom 7. April 1909. Einziehung 340

Betrieb einer Kraftfahrzeuglinie ohne Genehmigung. Verordnung vom 24. Januar 1919 §§ 1, 8 350

Kraftfahrzeugverkehrsgesetz vom 3. Mai 1909 / 21. Juli 1923 (RGBl. S. 437 bezw. I S. 743) § 1 Abs. 1, Kraftfahrzeugverkehrsordnung vom 15. März 1923 (RGBl. I S. 175) § 2 Abs. 3. Zur Frage der Zulassungspflicht der sog. Bulldogs, sowie zum Begriff des Inbetriebsetzens 351

§ 4 Abs. 1 und § 11 der Notverordnung über den Kraftfahrzeugverkehr vom 15. März 1923 (RGBl. I S. 175). Das stehende, aber noch in Betrieb befindliche Kraftfahrzeug muß mit zwei hellbrennenden Laternen beleuchtet werden. Begriff der „Fahrbahn" 352

HöchstRR. 2

Verordnung über Kraftfahrzeugverkehr vom 15. März 1923 (RGBl. S. 175). §§ 4 Nr. 5 und 19: Zusammentreffen je einer Zuwiderhandlung gegen diese Bestimmungen. Real- oder Idealkonkurrenz? 353

§ 21 Kraftfahrzeugverkehrsgesetz vom 3. Mai 1909, § 17 Kraftfahrzeugverkehrsverordnung vom 15. März 1923. Verantwortlichkeit des Kraftwagenführers für übermäßige Rauchentwicklung 353

§ 17 der Verordnung über Kraftfahrzeugverkehr vom 15. März 1923. Unerlaubtes Entfernen des Führers vom Kraftfahrzeuge 354

Ein Verstoß gegen die Bestimmung des § 17 Abs. 1 Satz 1 der Verordnung über Kraftfahrzeugverkehr vom 15. März 1923 (RGBl. I S. 175) ist für sich allein nicht strafbar . . 355

§ 17 Abs. 4 VO. über Kraftfahrzeugverkehr vom 15. März 1923 (RGBl. S. 175). Begriff des beleuchteten Ortsteils 356

Verordnung über Kraftfahrzeugverkehr vom 15. März 1923 (RGBl. S. 175) § 18 Abs. 3. Unübersichtlichkeit der Fahrbahn bei Straßenkreuzungen 356

§ 21 Kraftfahrzeugverkehrsgesetz, §§ 18 Abs. 3, 20 Kraftfahrzeugverkehrsverordnung vom 15. März 1923. Die Möglichkeit, infolge der Einrichtungen eines Kraftwagens rasch zu halten, entbindet nicht vom Langsamfahren, wenn dieses vorgeschrieben ist 357

Verordnung über den Kraftfahrzeugverkehr vom 15. März 1923 (RGBl. S. 175) § 18 Abs. 2; § 59 StGB. Ein Irrtum über den Begriff „Geschlossener Ortsteil" stellt einen Strafrechtsirrtum dar 358

Der in § 23 Abs. 4 Verordnung über Kraftfahrzeugverkehr vom 15. März 1923 vorgeschriebene Hinweis durch Warnungstafeln bezieht sich nur auf Vorschriften, die ausschließlich den Kraftfahrzeugverkehr betreffen, nicht aber auch auf solche, die den Verkehr von Fuhrwerk im allgemeinen regeln 358

n) Strafprozeß.

RGSt. **60**

Umwandlung der Berufung in Sprungrevision 354

Sprungrevision neben Berufung 355

Wiederaufnahme in Militärstrafsachen. Zuständigkeit . . . 401

Strafbescheid. Form der Urschrift 406

RGSt. 60

Assessoren a. D. als Mitglied der Strafkammer 409

Hilfsrichter als Beisitzer im Schwurgericht 410

Schwurgericht. Zuziehung von Hilfsschöffen 415

HöchstRR. 2

§ 27 b StGB. Die Übergehung der Prüfung im Urteil kann zur Aufhebung im Strafausspruch Anlaß geben . . 251

§ 42 StGB., §§ 430 ff. StPO. Abgesehen vom Revisionsverfahren kann in jedem Rechtszug, also auch in der Berufungsinstanz, in das selbständige (objektive) Einziehungsverfahren übergegangen werden, wenn in dem gegen einen bestimmten Angeklagten gerichteten Verfahren aus irgendeinem Grunde nicht auf Strafe erkannt werden kann 252

§ 67 StPO. Nur die Beteuerung der Wahrheit bildet den Gegenstand der Versicherung 267

§§ 238, 244 StPO. Müssen vor der Hauptverhandlung gestellte Beweisanträge in ihr wiederholt werden, auch wenn ihre Bescheidung durch ausdrücklichen Bescheid des Vorsitzenden der Hauptverhandlung vorbehalten worden ist? 268

§§ 243 Abs. 3, 338 Nr. 8 StPO. Anordnungen des Gerichts ohne vorherige Anhörung des Verteidigers. Beschränkung der Verteidigung? 268

§ 264 StPO. Ne bis in idem und ungleichartige Kollektivität 268

§§ 265, 23 StPO. Erfordernisse des Hinweises nach § 265. Gesetzlicher Ausschluß der richterlichen Tätigkeit 269

§§ 302, 318, 327 StPO. Ein teilweiser Verzicht auf das Rechtsmittel der Berufung muß eindeutig erklärt und darf nicht vermutet werden 269

§§ 306, 314, 341 StPO. „Schriftlich." — §§ 341, 344 StPO. Kann die Revisionseinlegung wiederholt werden? 270

§§ 327, 344 StPO. Die — wenn auch rechtsirrige — Annahme des Berufungsgerichts, die Berufung sei auf die Straffrage beschränkt, bindet das Revisionsgericht, falls keine verfahrensrechtliche Rüge darüber erhoben ist. — § 267 Abs. 3 StPO. Ist die Schuldfrage rechtskräftig, aber rechtsirrig dahin entschieden, daß Tatmehrheit besteht, während in Wirklichkeit Tateinheit vorliegt, so hindert die Rechtskraft der Schuldfestsetzung das Berufungsgericht nicht, den Rechtsirrtum bei der Strafzumessung zu berücksichtigen 270

§ 327 StPO. Beschränkung auf das Strafmaß. Widerruflichkeit? 271

HöchstRR. 2

§ 327 StPO. Wie weit ist Beschränkung der Berufung möglich? 271

Zu § 338 Nr. 6 StPO. Zum Begriff „Erzieher" im Sinne des § 174 Nr. 1 StGB. 271

§§ 403, 404, 74 StPO. Voraussetzungen für die Zulassung als Nebenkläger. Ablehnung des Sachverständigen 273

§§ 331, 401, 403, 404, 405, 316, 327 StPO. Kann die Buße in der Berufungsinstanz erhöht werden, ohne daß der Nebenkläger Berufung eingelegt hat? 273

§ 473 StPO. Kosten des im wesentlichen erfolgreichen Rechtsmittels 274

Wie weit geht die rückwirkende Kraft von Art. XIV Abs. 4 der Verordnung vom 6. Februar 1924? 274

§ 267 StPO. Die Versagung mildernder Umstände kann nicht damit begründet werden, daß der Angeklagte eine Geldstrafe doch nicht würde aufbringen können. Keine Anwendbarkeit von § 27 b StGB., wenn das Strafgesetz mildernde Umstände zuläßt 276

§§ 73, 249 StPO. Anträge des Angeklagten auf Vernehmung von weiteren Sachverständigen in der Hauptverhandlung können in der Urteilsbegründung abgelehnt werden . . . 296

§ 138 StPO. Das von dem Teilhaber einer offenen Handelsgesellschaft durch deren Firma eingelegte Rechtsmittel ist unzulässig 297

Unzulässigkeit der Beschwerde des Angeschuldigten gegen eine vorläufige Einstellung des Verfahrens auf Grund des § 154 Abs. 1, 2 StPO. 297

§§ 201, 210, 183 StPO. Bei Aufhebung eines den Antrag auf Voruntersuchung ablehnenden Beschlusses wird nicht nur der gleichzeitig oder später, sondern auch der vorher ergangene Eröffnungsbeschluß hinfällig 298

§§ 201, 178 StPO. Anträge auf Voruntersuchung oder Ergänzungen solcher Anträge sind auch nach Ablauf der bei Mitteilung der Anklageschrift gesetzten Erklärungsfrist, und zwar bis zur Eröffnung des Hauptverfahrens, zu berücksichtigen 299

§§ 215 bis 217, 37 StPO., § 181 ZPO. Ein 14 jähriger Knabe kann nicht als „erwachsener Hausgenosse", an den eine Ersatzzustellung bewirkt werden kann, angesehen werden 299

HöchstRR. 2

§§ 244 Abs. 2, 233 StPO. Über Beweisanträge des von der Verpflichtung zum Erscheinen in der Hauptverhandlung entbundenen Angeklagten braucht nur dann durch Gerichtsbeschluß befunden zu werden, wenn sie bei der richterlichen Vernehmung gestellt sind 300

§ 267 StPO. Zulässigkeit einer teilweisen Bezugnahme des Berufungsurteils auf das Urteil erster Instanz 301

§ 271 StPO. Nachträgliche Niederschriften zum Sitzungsprotokoll bedürfen zur rechtlichen Wirksamkeit der Unterzeichnung durch den Vorsitzenden und den Gerichtsschreiber 301

§§ 296 ff., 458 StPO. Auch gegen absolut nichtige Urteile sind die ordentlichen Rechtsmittel zulässig 302

§§ 312, 313 StPO. Ein Urteil gegen mehrere Angeklagte, das außer Übertretungen sämtlicher Angeklagten noch Vergehen einzelner Angeklagten zum Gegenstand hat, kann von jedem Angeklagten mit der Berufung angefochten werden 303

§§ 312, 313, 412 StPO. Gegen ein Urteil, durch welches der Einspruch des Angeklagten gegen einen amtsrichterlichen Strafbefehl wegen Ausbleibens in der Hauptverhandlung verworfen worden ist, ist Berufung zulässig 305

§ 362 Abs. 2 StGB., §§ 318, 327, 352 StPO. Beschränkung der Berufung und Revision auf die Überweisung an die Landespolizei 305

§§ 318, 316, 327, 340 StPO. Auch bei Beschränkung der Berufung auf das Strafmaß kann die Revision mit der Verletzung des Grundsatzes „Ne bis in idem" begründet werden 306

§§ 322, 327, 328, 337 StPO. Bleibt in der Berufungsinstanz eine Berufung außer Betracht, so liegt ein die Revision begründender Verfahrensfehler auch dann vor, wenn das Rechtsmittel dem Berufungsgericht nicht bekannt sein konnte 307

§§ 322, 349 StPO. Das Revisionsgericht hat nicht von Amts wegen zu prüfen, ob die Berufung zulässig gewesen ist 308

§ 329 StPO. In der Revisionsinstanz kann unter Umständen nachgeprüft werden, ob der Angeklagte in der Berufungsverhandlung ohne genügende Entschuldigung ausgeblieben ist 309

HöchstRR. 2

§§ 329, 337 StPO. Der in der Berufungsinstanz unbefugt ausgebliebene Angeklagte kann in der Revisionsinstanz nicht rügen, daß das Urteil der ersten Instanz auf einer Gesetzesverletzung beruhe 309

§§ 300, 313, 335, 340 RStPO. Im Falle des § 335 RStPO. ist mit der Wahl des einen Rechtsmittels das andere endgültig abgeschnitten 310

§§ 359, 73, 74 StPO. Sachverständige als neue Beweismittel im Wiederaufnahmeverfahren. Stillschweigende Verwerfung von Ablehnungsanträgen gegen Sachverständige 312

§§ 369, 370, 372 StPO. Im Wiederaufnahmeverfahren sind die zwischen der Zulassung des Antrages und der endgültigen Entscheidung ergehenden Anordnungen über die Beweisaufnahme unanfechtbar. 312

Der Ehemann hat wegen einer seiner Ehefrau zugefügten gefährlichen Körperverletzung (§ 223 a StGB.) kein Privatklagerecht; § 374 StPO. Haben die Vorinstanzen das nicht beachtet und in der Sache erkannt, so hat das Revisionsgericht unter Aufhebung der Vorentscheidung das Verfahren einzustellen. Es liegt nicht ein Verfahrensmangel im Sinne der §§ 340, 344 Abs. 2 Satz 2 StPO., sondern Mangel einer Prozeßvoraussetzung vor 313

§§ 379, 390 Abs. 2 StPO. Für die Bewilligung des Armenrechts für den Privatkläger zur Rechtfertigung der Revision ist das Oberlandesgericht zuständig 314

§ 391 Abs. 2 StPO. Ausbleiben des Privatklägers und seines Vertreters im Verkündungstermin gilt nicht als Klagezurücknahme 315

§ 413 StPO. Die polizeiliche Strafverfügung muß u. a. die Beweismittel bezeichnen, d. h. solche Beweismittel, wie die Strafprozeßordnung sie vorsieht. Andere Angaben in dieser Beziehung genügen nicht. Die Ordnungsmäßigkeit der polizeilichen Strafverfügung als Urteilsvoraussetzung . 317

§§ 77, 82 Eisenbahn-Bau- und Betriebsordnung, § 413 ff. StPO. Befugnis der Bahnpolizeibehörden zur Regelung des Verkehrs auf den sog. Bahnhofsvorplätzen; Recht zum Erlaß polizeilicher Strafverfügungen. Recht des Betroffenen zum Antrag auf gerichtliche Entscheidung 318

HöchstRR. 2

§ 416 StPO., Jugendgerichtsgesetz vom 16. Februar 1923 (RGBl. I S. 135) § 19. Für die Hauptverhandlung gegen einen Jugendlichen ist auch nach voraufgegangener polizeilicher Strafverfügung nicht der Amtsrichter, sondern der Jugendrichter zuständig 320

Gericht erster Instanz im Sinne des § 462 StPO. ist das Gericht, welches in erster Instanz entschieden hat, mag es auch zur Zeit der nach § 462 erforderlichen Entscheidung örtlich oder sachlich nicht mehr zuständig sein 321

§ 468 StPO. Kostenentscheidung bei Straffreierklärung . . 322

§ 471 Abs. 3 StPO. Zur Frage der Verteilung der Kosten eines Privatklageverfahrens bei dessen Einstellung auf Grund einer Amnestie 322

§ 471 StPO. Gesamtschuldnerische Haftung für Auslagen im Privatklageverfahren 322

§ 56 GVG. Auch ein unfähiger Schöffe muß auf Ladung erscheinen 324

Wenn über eine Beschwerde gegen einen Beschluß des Amtsgerichts auf Grund der §§ 178, 180 GVG. das Landgericht unzuständigerweise entscheidet, ist die weitere Beschwerde zulässig 324

§ 228 StPO. Zum Begriff der Öffentlichkeit der Hauptverhandlung 368

Zur Frage der Berechnung der im § 276 a StPO. vorgeschriebenen einmonatlichen Frist 373

o) Steuerrecht.

HöchstRR. 2

Wenn das Gericht nach zulässiger Zurücknahme eines Strafbescheids durch das Finanzamt das Verfahren gemäß § 429 Abs. 1 RAbgO. eingestellt hat, so ist damit das Strafklagerecht nicht untergegangen. Die gegenteilige Auffassung kann zum Gegenstand einer Revisionsrüge über Verletzung von §§ 426, 429 RAbgO. gemacht werden 348

BA. 26

Zu § 6 a und b KapVerkStG.: Die Umwandlung von Vorzugsaktien in Stammaktien ist nicht schon als solche gesellschaftssteuerpflichtig 232

BA. 26

Zu § 16 EinkStG. vom 10. August 1925: Eine Rückstellung für unsichere Forderungen ist nicht schon deshalb ungerechtfertigt, weil zwischen dem Abschlußtage und der Abgabe der Steuererklärung Verluste tatsächlich nicht eingetreten sind 252

Zu § 6 c KapVerkStG.: a) Die im § 6 c KapVerkStG. festgelegte Voraussetzung für die Steuerpflicht von Gesellschaftsdarlehen, daß nämlich die Gewährung für die Fortführung der Gesellschaft erforderlich sei, ist auch dann gegeben, wenn ohne das Gesellschaftsdarlehen der Betrieb nicht in einem geplanten erweiterten Umfange fortgeführt werden könnte. b) Sonstige Voraussetzungen des § 6 c 252

p) Öffentliches Recht.

RGZ. 114

Ablehnung des Antrags des Landes Mecklenburg-Strelitz auf Feststellung, daß der Freistaat Mecklenburg-Schwerin ohne Auseinandersetzung mit Mecklenburg-Strelitz nicht berechtigt sei oder gewesen sei, ohne Zustimmung des letzteren Freistaats über Güter, sonstiges Vermögen und Einkünfte der ehemaligen Landesklöster Dobbertin, Malchow und Ribnitz sowie über die zum Vermögen der früheren mecklenburgischen Stände gehörigen Gegenstände zu verfügen . . 1*

Ablehnung des Antrags des Reiches, zu entscheiden, daß die Errichtung einer preußischen pädagogischen Akademie auf paritätischer Grundlage in Frankfurt a. M. neben drei anderen, auf konfessioneller Grundlage beruhenden Akademien mit Art. 174 Satz 1 RVerf. nicht vereinbar sei 7*

RGSt. 60

Strafbare Mehrarbeit 426

HöchstRR. 2

§§ 1, 7 AußenhKontrollVO. vom 13. Juli 1923; 1 Nr. 1 Bekanntmachung des Reichswirtschaftsministers, betr. Ausfuhrerleichterungen, vom 5. April 1921. Muß Umzugsgut der Zollstelle vorgeführt werden? 275

§§ 3, 6 Abs. 1 Satz 2, 42, Abs. 2, 55, 56 a GewO. Die wiederholte Ausübung der Heilkunde außerhalb des Wohnorts in einem jedesmal gemieteten Zimmer begründet nicht eine gewerbliche Niederlassung, sondern ist ein Gewerbebetrieb im Umherziehen 325

HöchstRR. 2

§ 33 GewO. Begriff der Ausübung des Kleinhandels im Spirituosengewerbe 326

§ 55 GewO. Die Einladung des Vorstandes eines Vereins zum Angebot von Waren für die Mitglieder befreit nicht ohne weiteres von der Verpflichtung zum Wandergewerbeschein 327

§ 55 GewO. Aufsuchen von Bestellungen beim Wandergewerbe 327

§§ 56 a, 42 GewO. Ausübung der Heilkunde im Umherziehen. Wann liegt eine gewerbliche Niederlassung eines Heilkundigen vor? 327

§§ 105 ff. GewO. Unter den Begriff der „gewerblichen Arbeiter“ im Sinne des Titels VII der Gewerbeordnung fallen auch die Lehrlinge, und zwar ohne Rücksicht darauf, ob es sich um Fabriklehrlinge oder um Handwerkslehrlinge handelt 328

§§ 73, 74 GO. enthalten keine erschöpfende Regelung . . . 329

§§ 59, 223 StGB., §§ 127 a, 154 GewO. Die Annahme eines Züchtigungsrechts auf Grund irriger Auslegung des § 127 a GewO. stellt einen außerstrafrechtlichen Irrtum dar 330

Nach dem Gesetz, betr. Kinderarbeit in gewerblichen Betrieben, vom 30. März 1903 (RGBl. S. 113) ist der Schankwirt strafbar, der duldet, daß in seiner an einen Kegelklub vermieteten und während des Kegelns von ihm bewirtschafteten Kegelbahn durch den Kegelklub Kinder als Kegelaufsteller beschäftigt werden 339

Innerer Tatbestand des Vergehens nach § 1492 RVO. vom 19. Juli 1911 342

§§ 8, 9 der Bäckerei-Arbeitszeitverordnung vom 23. November 1918. Leichtverderbliche Bäcker- und Konditorwaren dürfen Sonntags hergestellt werden. 343

Umfang der Strafausschließung nach Art. 36 RV. 346

§§ 1, 11 ArbeitszV. vom 21. Dezember 1923, § 9 Abs. 1 V. vom 18. März 1919. Abgabe von Rauchwaren in Wirtschaften zur Zeit des Ladenschlusses 359

Zur Frage des richterlichen Prüfungsrechtes eines Abschaffungserkenntnisses der Verwaltungsbehörde 364

II. Inhaltsverzeichnis der Zeitschriften.

(Die in den Zeitschriften veröffentlichten Entscheidungen sind auf S. 3 ff. registriert.)

a) Zeitschrift für Strafrechtswissenschaft.

47. Band, 7. u. 8. Heft.

Abhandlungen.

Nr.

18. Über Grenzen der Beschlagnahme. Von Geh. Justizrat Professor Dr. R. v. Hippel, Göttingen 523
19. Gerechtigkeit und Technik. Ein Entwurf zum Strafgesetzbuch. Von Professor Dr. F. Kitzinger, München . 533
20. Die Sittlichkeitsverbrechen im Amtlichen Strafgesetzentwurf. Von Geh. Justizrat Dr. Kronecker, Warngau . 568
21. Allgemeine Lehren des Reichssteuerstrafrechts. Von Staatsanwaltschaftsrat Dr. Jadesohn, Breslau 598
22. Was darf man für die sittliche und soziale Hebung der Verbrecherischen vom Strafvollzug erwarten und was nicht? Von Obergefangenanstaltsdirektor i. e. R. Grohmann, Zwickau 612

Literaturbericht.

9. Strafprozeßordnung 630

Auslandsrundschau.

1. Das ungarische Strafrecht seit 1918. Berichterstatter: Dr. Georg Auer, Kgl. Staatsanwalt in Budapest . . . 631
2. Mitteilungen aus Griechenland. Berichterstatter: Geh. Justizrat Professor Dr. R. v. Hippel, Göttingen 659

Notizen.

5. Strafrechtliche Gesellschaft und Strafgesetzentwurf. Von Rechtsanwalt Dr. Luetgebrune, Göttingen 662

Rechtsprechung.

b) Bank-Archiv.

Inhalt der Hefte 7—10 des XXVI. Jahrgangs.

A. Aufsätze.

Abraham, Haben privatrechtliche, mit rückwirkender Kraft ausgestattete Vereinbarungen oder statutarische Festsetzungen auch rückwirkende Kraft gegenüber den Steuerbehörden? 198
Adams, Private und öffentlich-rechtliche Versicherung . . . 196
Bernstein, Der Sinn des Depotvertrages 234
Dreyfus, Centralschutzverband für deutsche Gläubigerinteressen im Ausland? 194
Hantos, Die Stabilisierung des Goldwertes im Wege der Kooperation der Notenbanken 209
Herrmann, Zum Goldproblem 167
Hirschstein, Zur indischen Währungsreform 181
Koeppel, Vorläufige Steuerveranlagung und kaufmännische Bilanz 224
—, Die Behandlung schwebender Geschäfte in der Einkommen- und Körperschaftssteuer 245
Lotz, Ein radikales Kreditverstaatlichungsprojekt 214
Opitz, Der stückelose Effektenverkehr, ein Gegenstück zum bargeldlosen Zahlungsverkehr 238
Pudel, Der Wiederaufbau des deutschen Überseebankwesens 178
Schwabe, Zur Handlungsfähigkeit der juristischen Person . 229
Schwartz, Zur Frage des Wohnungsbaues 1927 191
Simon, Die neue amerikanische Freigabebill 219
Theisinger, Bezugsrechtsberechnung vom Ertragswert . . . 175
Weidemann, Das Wohnungsbauprogramm und das Problem seiner Finanzierung 171

B. Gerichtliche Entscheidungen.

C. Verbandsangelegenheiten und Mitteilungen aus der Bankpraxis.

Eckstein, Papiermarkanleihen und Steuerbilanz 232
Wulff, Sind Wertpapiere, die durch eine französische Opposition gesperrt sind, in Deutschland lieferbar? . . . 253

Statistischer Teil.

Die Entwicklung deutscher Kreditbanken vom 1. Januar 1924 bis 30. Juni 1926 . . . . 186, 204

B. Verzeichnis der Neuerscheinungen 1. Januar — 28. Februar 1927.

I. Kommentare und Handausgaben.

Angestelltenversicherungsgesetz vom 28. Mai 1924. Zweite Auflage. Taschenformat. 144 Seiten. 2.50

(Guttentagsche Sammlung Deutscher Reichsgesetze, Textausgaben ohne Anmerkungen.)

Diese neue Ausgabe entspricht der neuesten Fassung des Gesetzes unter Berücksichtigung der letzten Änderungen und Verordnungen. Das beigefügte Sachregister erleichtert das rasche Zurechtfinden in den einzelnen Bestimmungen des Gesetzes.

Amtlicher Entwurf eines Strafvollzugsgesetzes nebst Begründung. Veröffentlicht auf Anordnung des Reichsjustizministers. I. Teil: Entwurf. Quart. 56 Seiten. 1.—

Handbuch der Erwerbslosenfürsorge. Mit einer Einführung und Erläuterungen. Von Dr. jur. **Herbert Schmeißer,** Regierungsrat im Thüringischen Ministerium für Inneres und Wirtschaft, stellvertr. Vorsitzender des Thüringischen Landesamts für Arbeitsvermittlung. Zweite Auflage.

Ergänzungsband. Taschenformat. 120 Seiten. 2.50

Der Hauptband (XI, 496 Seiten) erschien im September 1926 und kostet mit dem Ergänzungsband zusammen 13.—

(Guttentagsche Sammlung Deutscher Reichsgesetze Bd. 165.)

In dem Ergänzungsband ist die für die kommende Versicherung so wichtige Frage der Krisenfürsorge zum ersten Male eingehend erläutert worden; die einschneidenden Ausführungsvorschriften für die Prüfung der Bedürftigkeit sowie das Gesetz über die Erhaltung der Anwartschaften in der Invaliden-, Angestellten- und knappschaftlichen Pensionsversicherung finden eine gemeinverständliche Darstellung. Endlich sind die die bisherige Rechtsauffassung vollkommen umgestaltenden Vorschriften des Reichsarbeitsministers über die Unterbrechungen im Bezuge der Erwerbslosenunterstützung eingehend erläutert. Aus dem Inhalt seien ferner noch genannt: die neuesten Unterstützungssätze mit Erläuterungen sowie die Erwerbslosenstatistik und die Statistik der Krisen- und Kurzarbeiterfürsorge.

Kommentar zum Gesetz, betreffend die Gesellschaften mit beschränkter Haftung. (Früher **Staub-Hachenburg.**) Fünfte Auflage unter Mitarbeit von Dr. Fritz Bing, Rechtsanwalt in Mannheim, und Dr. Walter Schmidt II, Rechtsanwalt in Berlin, von Dr. **Max Hachenburg,** Rechtsanwalt in Mannheim.

Zweiter Band: §§ 35 bis 84. Groß-Oktav. II, 452 Seiten. 20.—, in Leinen 22.—

„Eine Schöpfung, die zu den glänzendsten deutschen Rechtsforschungen gehört. Es ist schlechterdings unmöglich, in wenigen Worten einer so hochwertigen Leistung gerecht zu werden. Man kann nur in die Worte allgemeiner Anerkennung einstimmen, die Hachenburg von jedermann, man wird wohl sagen dürfen, zwangsläufig gespendet werden. Ein wirkliches Meisterwerk.“

Zentralblatt für Handelsrecht.

Das Arbeitsgerichtsgesetz. Textausgabe mit Einleitung und Sachregister. Von Dr. **Hans Depène,** Obermagistratsrat, Vorsitzender des Kaufmannsgerichts in Berlin. Taschenformat. 180 Seiten. In Leinen 3.60

(Guttentagsche Sammlung Deutscher Reichsgesetze Bd. 168.)

Die Ausgabe enthält außer dem genauen Wortlaut des neuen Gesetzes auch die hierher gehörigen Bestimmungen des Betriebsrätegesetzes, der Zivilprozeßordnung, des Gerichtsverfassungsgesetzes, des Strafgesetzbuches, der Gewerbeordnung usw., so daß das gesamte einschlägige Recht in einem Bande vereinigt ist. Von großem Wert für die Praxis ist die von einem hervorragenden Sachkenner verfaßte Einleitung, die einen rasch orientierenden Überblick über Inhalt und Bedeutung des neuen Gesetzes gewährt.

Das deutsche Ausländerrecht. Die Bestimmungen des Reichsrechts und preußischen Landesrechts. Textausgabe mit Erläuterungen und Sachregister. Von Dr. **Werner Fraustädter,** Rechtsanwalt, und Dr. **Max Kreutzberger.** Taschenformat. 396 Seiten.
In Leinen 9.—

(Guttentagsche Sammlung Deutscher Reichsgesetze Bd. 166.)

Die Sammlung gibt zum ersten Male einen zusammenfassenden Überblick über die Rechtsstellung der Ausländer im Deutschen Reich und in Preußen und berücksichtigt auch die außerpreußischen Länder, soweit grundsätzliche Abweichungen von den preußischen Bestimmungen bestehen. Die Erläuterungen dienen in hervorragendem Maße den Bedürfnissen der Praxis.

Gesetz über die privaten Versicherungsunternehmungen vom 12. Mai 1901. Textausgabe mit Anmerkungen und Sachregister. Von Dr. jur. h. c. **Heinrich Koenige.** Dritte, umgearbeite Auflage von Dr. jur. h. c. **Heinrich Koenige,** Senatspräsident am Reichsgericht i. R., und **A. Petersen,** Oberregierungsrat, ständiges Mitglied des Reichsaufsichtsamts für Privatversicherung. Taschenformat. 856 Seiten.
In Leinen 20.—

(Guttentagsche Sammlung Deutscher Reichsgesetze Bd. 62.)

Nach langem Fehlen erscheint hier das Gesetz über die privaten Versicherungsunternehmungen in neuer, stark vermehrter Auflage. Besonderer Wert wurde bei der Neubearbeitung darauf gelegt, die Auslegung und Handhabung des Gesetzes durch das Reichsaufsichtsamt für Privatversicherung und die Rechtsprechung so vollständig wie möglich erkennbar zu machen durch Hinweise auf die betreffenden Stellen der amtlichen Veröffentlichungen und die vorliegenden Urteile.

Die Reichsabgabenordnung. Für die Praxis erläutert von Dr. **Albert Nieberl,** Regierungsrat beim Landesfinanzamt Stettin. Zweite, neubearbeitete Auflage. Taschenformat. 555 Seiten.
In Leinen 12.—

(Guttentagsche Sammlung Deutscher Reichsgesetze Bd. 143.)

Die gänzlich neubearbeitete neue Auflage macht das ganze in der Rechtsprechung und Verwaltungsübung in den sieben Jahren des Bestehens der Abgabenordnung herausgebildete Auslegungsmaterial in knapper und übersichtlicher Form zugänglich. Neben den in erster Linie stehenden Vorschriften über die Besteuerung haben die im Schrifttum teilweise etwas stiefmütterlich behandelten Materien der Beitreibung und des Steuerstrafrechts eine gleichmäßige Behandlung erfahren, insbesondere durch Berücksichtigung der auf diesen Gebieten einschlägigen Rechtsprechung des Reichsgerichts und anderer hoher Gerichtshöfe. Die Wiedergabe der gesetzlichen Bestimmungen, der einschlägigen Verwaltungserlasse usw. gibt den neuesten Stand der behandelten Materie wieder.

II. Monographien.

Gerichtsärztliche Tatbestandsfeststellungen im Dienste der Polizei. Ein Leitfaden für Polizei- und Kriminalbeamte. Von Dr. med. **Paul Rehfeldt,** Polizeimedizinalrat in Köln a. Rh. Oktav. 133 Seiten.
Geb. 3.50

(Kleine kriminalistische Bücherei Bd. 5.)

Von einem erfahrenen Polizeiarzt verfaßt, enthält dieser Band der „Kleinen kriminalistischen Bücherei“ eine leichtverständliche Darstellung des gesamten für die Kriminalisten und Polizeibeamten in Frage kommenden Gebietes der gerichtlichen Medizin. Da eine geschlossene und einheitliche Behandlung dieses Gebietes, wie sie hier geboten wird, bisher nicht existierte, wird das Bändchen in den interessierten Kreisen viel Anklang finden.

III. Enzyklopädien.

Handwörterbuch der Rechtswissenschaft. Unter Mitberatung von Ministerialdirektor im Reichsjustizministerium Dr. E. Bumke, Reichsgerichtsrat L. Busch, Oberreichsanwalt Dr. L. Ebermayer, Geh. Justizrat Professor Dr. Fr. Endemann, Geh. Justizrat Professor Dr. E. Heymann, Senatspräsident am Reichsgericht Dr. O. Strecker, Präsident des Bayrischen Obersten Landesgerichts Staatsrat Dr. K. von Unzner herausgegeben von Dr. jur. **Fritz Stier-Somlo**, o. Professor an der Universität Köln, und Dr. jur. **Alexander Elster**, Berlin.

14. Lieferung: Personenstandsrecht—Preußen. (Band IV, Seite 449—576.) 6.—

„*Die Herausgeber Stier-Somlo und Alexander Elster dürfen mit berechtigter Genugtuung auf das Werk blicken. Die einzelnen, nach Stichwörtern alphabetisch geordneten Abhandlungen erörtern ihr Thema nach allen Seiten: allgemein, bürgerlich-rechtlich, handelsrechtlich, öffentlich- und steuerrechtlich. Sämtliche Rechtsdisziplinen, natürlich auch Staatsrecht, Verwaltungsrecht, Kirchenrecht, Strafrecht usw., sind vertreten. Was als Ziel gesetzt war, ist in der Tat erreicht: Verständigung zwischen Rechtswissenschaft und Rechtsverwirklichung, Offenlegung des einheitlichen Rechtsgedankens der verschiedenen Rechtsgebiete. So wurde der Grundstein zu einem stolzen Bau deutscher Wissenschaft gelegt, einem Bau, dessen Fortführung und Vollendung die größten Erwartungen zu erfüllen versprechen. Das HdR. wird eine Enzyklopädie bilden, die unentbehrlich ist für jeden Juristen natürlich, aber auch für die vielen, die am deutschen Recht und an der deutschen Wissenschaft ganz allgemein interessiert sind.*“ *Zentralblatt für Handelsrecht.*

Wörterbuch des Völkerrechts und der Diplomatie. Begonnen von Professor Dr. **Julius Hatschek**, fortgesetzt von Dr. **Karl Strupp**, Universitätsdozent in Frankfurt a. M., unter Mitarbeit einer großen Anzahl von Praktikern und Theoretikern. Lexikonformat. Erscheint in Lieferungen.

17. u. 18. Lieferung (Band III, Bogen 25—40, Seite 385—640). Weltkrieg, Diplomatische Vorgeschichte — Zamora-Fall. 12.—

(Wörterbuch des Völkerrechts und der Diplomatie)

„Die vorliegenden zwei Bände rechtfertigen in vollkommenster Weise die Erwartungen, die sich an das Erscheinen der ersten Lieferungen knüpften.

Mit Stolz kann die deutsche Völkerrechtswissenschaft auf dieses Nachschlagewerk schauen, das dem unermüdlichen Eifer Dr. Strupps und dem großzügigen Verständnis des Verlegers Walter de Gruyter zu danken ist.

Die neuesten Probleme des Völkerrechts — und deren sind nicht wenige —, die bedeutsamsten Rechtsvorgänge und Präjudizien, die Herausbildung ganz neuer Rechtsinstitute und die völkerrechtliche wie diplomatisch-politische Geschichte haben mit bis in die jüngste Zeit reichenden ausführlichen Literaturangaben im Struppschen Wörterbuch ihren Niederschlag gefunden."

Niemeyers Zeitschrift für internationales Recht.

IV. Entscheidungssammlungen.

Entscheidungen des Reichsgerichts. Herausgegeben von den Mitgliedern des Gerichtshofes und der Reichsanwaltschaft.

Entscheidungen des Reichsgerichts in Zivilsachen. Band 114, Heft 4.
Erscheint in einer Heftausgabe und einer Bandausgabe.
Heftausgabe pro Band 5.75
Bandausgabe pro Band 5.50, geb. 7.—

Entscheidungen des Reichsgerichts in Strafsachen. Band 60, Heft 6 und 7.
Heftausgabe pro Band 5.75
Bandausgabe pro Band 5.50, geb. 7.—

Höchstrichterliche Rechtsprechung in Strafsachen. Redaktioneller Leiter: Reichsanwalt Dr. **A. Feisenberger,** Leipzig.
Diese Sonderausgabe aus der „Zeitschrift für die gesamte Strafrechtswissenschaft" umfaßt im Jahr 9 Hefte von zusammen etwa 24 Bogen Umfang.
Pro Halbband 6.—
2. Jahrgang, Heft 7—8.

Die Rechtsprechung der Oberlandesgerichte auf dem Gebiete des Zivilrechts. Herausgegeben von **B. Mugdan,** Kammergerichtsrat a. D., und Dr. **R. Falkmann †,** Senatspräsident am Kammergericht.
Jährlich ein Band von etwa 20 Bogen in 10 Heften.
Band 45, Heft 10.
Band 46, Heft 1. Jeder Band kompl. 8.—

V. Zeitschriften und Periodica.

Zeitschrift für die gesamte Strafrechtswissenschaft. Gegründet von **Franz v. Liszt** und **Adolf Dochow.** Unter ständiger Mitarbeit der Herren Dr. M. Alsberg, Professor Dr. E. v. Beling, Professor Dr. E. Delaquis, Professor Dr. F. Doerr, Oberreichsanwalt Dr. L. Ebermayer, Reichsanwalt Dr. A. Feisenberger, Professor Dr. R. v. Frank, Professor Dr. B. Freudenthal, Professor Dr. J. Goldschmidt, Professor Dr. R. v. Hippel, Professor Dr. M. Liepmann, Professor Dr. W. Mittermaier, Professor Dr. W. Sauer, Professor Dr. Eberhard Schmidt, Oberkriegsgerichtsrat Dr. E. Steidle herausgegeben von Dr. **Karl v. Lilienthal,** Professor in Heidelberg, und Dr. **Ed. Kohlrausch,** Professor in Berlin.
Mit der Beilage: Höchstrichterliche Rechtsprechung auf dem Gebiete des Strafrechts. Geleitet und herausgegeben von Dr. **A. Feisenberger,** Leipzig.
Pro Halbband 15.—
Band 47, Heft 7/8.

Bank-Archiv. Zeitschrift für Bank- und Börsenwesen. Unter Mitwirkung von hervorragenden Fachmännern herausgegeben von Geh. Justizrat Professor Dr. **Rießer,** Berlin. Schriftleitung: Rechtsanwalt **Otto Bernstein** und Rechtsanwalt **E. Brink,** Geschäftsführer des Centralverbands des Deutschen Bank- und Bankiergewerbes. Erscheint am 1. und 15. jedes Monats.
Pro Halbband 12.—
26. Jahrgang, Heft 7—10.

W de G

Druck von Otto Walter, Berlin S. 14

FSC
www.fsc.org
MIX
Papier | Fördert gute Waldnutzung
FSC® C083411

Kolibri 360 GmbH
Ferdinand-Jühlke-Straße 7
99095 Erfurt, Deutschland
produktsicherheit@kolibri360.de